BEI GRIN MACHT SICH IHR WISSEN BEZAHLT

- Wir veröffentlichen Ihre Hausarbeit,
  Bachelor- und Masterarbeit

- Ihr eigenes eBook und Buch -
  weltweit in allen wichtigen Shops

- Verdienen Sie an jedem Verkauf

Jetzt bei www.GRIN.com hochladen und kostenlos publizieren

Strategisches Controlling, Instrumente, Funktionscontrolling

Moritz Kleforn

Bibliografische Information der Deutschen Nationalbibliothek:

Die Deutsche Nationalbibliothek verzeichnet diese Publikation in der Deutschen Nationalbibliografie; detaillierte bibliografische Daten sind im Internet über http://dnb.d-nb.de abrufbar.

ISBN: 9783346577207
Dieses Buch ist auch als E-Book erhältlich.

Druck und Bindung: Books on Demand GmbH, Norderstedt Germany
Gedruckt auf säurefreiem Papier aus verantwortungsvollen Quellen

Das vorliegende Werk wurde sorgfältig erarbeitet. Dennoch übernehmen Autoren und Verlag für die Richtigkeit von Angaben, Hinweisen, Links und Ratschlägen sowie eventuelle Druckfehler keine Haftung.

Das Buch bei GRIN: https://www.grin.com/document/1163954

Einsendeaufgabe

Alternative A

Strategisches Controlling, Instrumente, Funktionscontrolling

Hochgeladen am 29.12.2020 im Hochschulmodul.

Modul: Strategisches Controlling

Studiengang: Betriebswirtschaft und Management (B. A.)

Von

Moritz Tim Alexander Kleforn

Inhaltsverzeichnis

Abkürzungsverzeichnis

BSC	Balanced Scorecard
bspw.	beispielsweise
bzw.	beziehungsweise
CFROI	Cashflow Return on Investment
ROI	Return on Investment
z. B.	zum Beispiel

Abbildungsverzeichnis

1 Strategisches Controlling

In dieser Aufgabe soll ein Konzept für das strategische Controlling eines international tätigen Automobilzulieferers entwickelt werden, welcher Produktionsstätten in mehreren Ländern unterhält. Im Genaueren soll dargestellt werden, wie bestehende bzw. neue Erfolgspotenziale gemessen werden können und wie man den Erfolg unternehmerischer Strategien in Teilmärkten (produkt-/Markt-Segmente) bzw. insgesamt beurteilt.

1.1 Motive und Funktionen des strategischen Controllings

Das strategische Controlling ist ein Schlüsselelement des Controllings und damit auch der Unternehmenssteuerung.[1] Außerdem ist es das systematische Pendant zur strategischen Planung, da jede Planung ein Bindeglied zur Realität, den Plan-Ist-Vergleich, benötigt.[2] Darüber hinaus schlägt es die Brücke zum operativen Controlling, was dazu führt, dass es die strategische Planung mit den operativen Zahlen verknüpft.[3]

Dabei berücksichtigt das strategische Controlling unternehmensinterne und externe Tatbestände und zielt darauf ab, die externen Chancen und Risiken des Unternehmens zu erkennen und mit dessen Stärken und Schwächen abzugleichen, damit ein hoher Deckungsgrad zwischen Stärke und Chancen erreicht werden kann. Dies führt dazu, dass im strategischen Controlling externe Entwicklungs- und Einflussfaktoren qualitativer Art verarbeitet werden.[4]

Im Groß ist die übergeordnete Zielsetzung des strategischen Controllings die Existenzsicherung, mit den Zielgrößen Nachhaltigkeit, Existenzsicherung, Unternehmenswert und Erfolgspotenzial.[5]

---

[1] Vgl. *Buchholz* (2019), S. 4.
[2] Vgl. *Buchholz* (2019), S. 5.
[3] Vgl. *Buchholz* (2019), S. 7.
[4] Vgl. *Buchholz* (2019), S. 40.
[5] Vgl. *Buchholz* (2019), S. 38; *Baum* (2003), S. 14; *Baum* et al. (2013), S. 14.

1.2 Erfolgspotenziale

Erfolgspotenziale deuten an, dass es eine Möglichkeit von Erfolgen gibt. Diese muss allerdings zuerst genutzt werden, wodurch sie Vorbedingungen für die Gewinnerreichung sind.[6]

Da es im strategischen Controlling um die Steuerung der Erfolgspotenziale und damit der Gewinnchance des Unternehmens geht, gilt es ebendiesen Erfolg vorzusteuern. Somit sind die Steuerung von Erfolgspotenzialen und die Vorsteuergrößen für den zukünftigen Unternehmenserfolg in einer exponierten Position, da sie bei einem entsprechenden kombinierten Einsatz das Erreichen von strategischen Zielen gewährleisten sollen.[7]

Im Allgemeinen summieren sich relevante Voraussetzungen für eine Erfolgsrealisierung unter dem Begriff des Erfolgspotenzials. Alle dazu benötigten Voraussetzung benötigen für ihre Schaffung lange Zeit, die nicht beliebig verkürzt werden kann. Somit ist eine rechtzeitige Betrachtung wesentlich, da eine kurzfristige Planung nicht möglich ist; ebenso wenig wie eine Korrektur oder eine Nachholung.[8]

Aus betriebswirtschaftlicher Sicht sind Erfolgspotenziale die Erfolge der Zukunft, die sich im Barwert aus heutiger Sicht summieren lassen. Sie können daher im Shareholder Value messbar gemacht werden. Ebenso kann unter dem Begriff des Erfolgspotenzial ein optimaler Deckungsgrad von unternehmerischen Stärken und umweltlichen Chancen verstanden werden.[9]

Beispiele für **Erfolgspotenziale** sind die Produktentwicklungen, der Ausbau der Qualität sowie der Aufbau von Produktionskapazitäten, von Marktpositionen und von kostengünstig funktionsfähigen Organisationen in den einzelnen Produktionsbereichen.[10]

---

[6] Vgl. *Steinhübel/Wameling* (2012), S. 18.
[7] Vgl. *Buchholz* (2019), S. 45; *Alter* (2019), S. 204.
[8] Vgl. *Gälweiler* (2005), S. 26.
[9] Vgl. *Baum* et al. (2013), S. 38; *Gälweiler* (2005), S. 132.
[10] Vgl. *Gälweiler* (2005), S. 26.

1.2.1 Bestehende und neue Erfolgspotenziale

Erfolgspotenziale können allerdings auch zwischen bereits bestehenden und neuen Erfolgspotenzialen unterschieden werden. So beschreiben die **bestehenden Erfolgspotenziale** die bereits aufgebauten oder sich in Gebrauch befindlichen Erfolgspotenziale, die sich durch ihre Marktposition und geschäftsspezifischer Erfahrung beurteilen lassen.[11] Sie repräsentieren die im Zeitablauf erlangten Erfahrungen eines Unternehmens mit Märkten, sozialen Strukturen und Prozessen sowie Technologien.[12]

Betrachtet man zusätzlich die Inter- und Externalität, ergibt sich folgendes Bild:[13] Bestehende externe Potenziale konkretisieren sich z. B. als erfolgreiche Produkt-/Markt-Kombinationen, als Lieferanten Arbeitsmarkt- und Kapitalgeberbeziehungen des Unternehmens sowie als Erfahrungskurve[14]. Bestehende interne Potenziale bilden dagegen zweckgebundene und konfigurierte humane, technische, informationelle, strukturelle, normative und finanzielle Kapazitäten des Unternehmens ab.[15]

Die **neuen Erfolgspotenziale**, die als Orientierungsgrundlage das Kundenproblem und die neuen technische Lösungen haben,[16] können ebenso inter- und externalisiert betrachtet werden. So sind als externe zukünftige Erfolgspotenziale neue Betätigungsfelder des Unternehmens zu bestimmen, wohingegen interne neue Erfolgspotenziale die nicht zweckgebundenen Sach-, Human- und Finanzkapitalien respektive neue Kombinationen der Kernkompetenzen sind.[17]

---

[11] Vgl. *Steinhübel/Wameling* (2012), S. 19.
[12] Vgl. *Fischer* (2000), S. 72.
[13] Vgl. *Steinhübel/Wameling* (2012), S. 19.
[14] Vgl. *Eichel* (2019), o. S.
[15] Vgl. *Steinhübel/Wameling* (2012), S. 128.
[16] Vgl. *Eichel* (2019), o. S.
[17] Vgl. *Steinhübel/Wameling* (2012), S. 19.

1.2.2 Strategien durch neue oder bestehende Erfolgspotenziale

Nach erfolgter Situations- und Potenzialanalyse werden Ziele und die betreffenden Strategien festgelegt. Diese Strategien können aufgrund ihrer uneinheitlichen Ansätze in verschiedene Kriterien untergliedert werden, wovon ein Kriterium die Ausrichtung auf neue oder bestehende Erfolgspotenziale ist.[18]

Dabei lassen sich grundsätzlich Entwicklungs- und Sicherungsstrategien differenzieren, wobei durch die Beachtung der Lebenszyklen von Erfolgspotenzialen weitere Strategien finden lassen. Somit bekleiden folgende Entwicklungsstrategien die neuen Erfolgspotenziale: Evaluierungs-, Generierungs- und Sondierungsstrategie. Die Generierungs- und Sondierungsstrategie fließen in die Sicherungsstrategie ein. Dahingegen stellt die Initialisierungsstrategie das Bindeglied zwischen den neuen und bestehenden Potenzialen dar.[19]

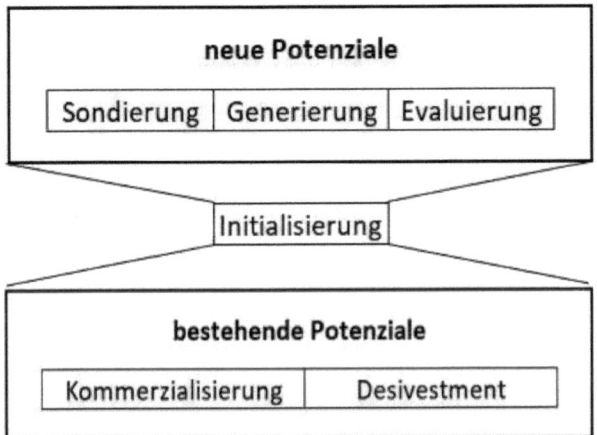

Abbildung 1 - Neue/bestehende Erfolgspotenziale und Strategien
(Quelle: Eigene Darstellung; in Anlehnung an *Steinhübel/Wameling* (2012), S. 24)

---

[18] Vgl. *Steinhübel/Wameling* (2012), S. 21.
[19] Vgl. *Steinhübel/Wameling* (2012), S. 21.

1.3 Beurteilung des Erfolgs in Produkt- /Marktsegmenten und in Märkten insgesamt

Erfolgspotenziale beziehen sich grundsätzlich auf Bestimmungskomponenten, die dem Unternehmen für eine begrenzte Zeit zur Erfolgserzielung zur Verfügung stehen. So wie beispielsweise im Produkt-/Marktsegment, welches als Strategietypen, die Markt- und Produktentwicklungs-, die Marktdurchdringungs- und die Diversifikationsstrategie beinhaltet.[20]

Diese vier Strategien sind Bestandteile der Produkt-Markt-Matrix nach Ansoff, welche bei der Auswahl eventueller Strategien zur Erweiterung der Geschäftstätigkeit unterstützen soll. Sie ist eine der am häufigsten genutzten Methoden des strategischen Managements und ist prädestiniert für Wachstumsstrategien innerhalb einer strategischen Geschäftseinheit. Die Wahl der Strategien für das Wachstum eines Geschäftsfeldes hängt entscheidend von der vorherigen Analyse der externen Umweltfaktoren und der internen Situation ab. Der Grad der Synergiemöglichkeiten zum bestehenden Geschäft kommt also einer entscheidenden Bedeutung zu, da grundsätzlich die Prämisse gilt: Je höher die Synergien zum bestehenden Geschäft, desto mehr Erfolg verspricht die gewählte Strategie.[21]

	bestehende Produkte	neue Produkte
Bestehende Märkte	Marktdurchdringung	Produktentwicklung
Neue Märkte	Markterweiterung	Diversifikation

Abbildung 2 - Produkt-Markt-Matrix nach Ansoff
(Quelle: Eigene Darstellung; in Anlehnung an *Buchholz* (2019), S. 214)

---

[20] Vgl. *Steinhübel/Wameling* (2012), S. 18, 21.
[21] Vgl. *Steuernagel* (2017), S. 81, 82; *Buchholz* (2019), S. 214.

Bei der **Marktdurchdringung** wird der Versuch unternommen, in bereits ergründeten Märkten mit bestehenden Produkten weiter zu wachsen. Dafür kommen Märkte mit natürlichem Wachstum sowie konstante Märkte ohne starken Preiswettbewerb besonders in Betracht. Für diese Strategie ist eine Ausschöpfung des Marktpotenzials der vorhandenen Produkte in bestehenden Märkten charakteristisch, weshalb bereits bestehende Instrumente der Marktbearbeitung – im Wesentlichen die Marketingmaßnahmen – verstärkt werden. Dabei ist allerdings entscheidend, dass Produkteigenschaften Wachstumspotenziale zulassen, wonach also nur Produkte für eine Marktdurchdringung infrage kommen, die sich in der Wachstumsphase befinden.[22]

Die **Produktentwicklung** zeichnet sich durch die Lancierung von neuen Produkten in bisherigen Märkten aus, sofern es innerhalb einer strategischen Geschäftseinheit erfolgt.[23] Dafür wird das bereits bestehende Vertrauen der Kunden gegenüber dem Produkt genutzt, um Wachstum zu generieren. Bezüglich der dortigen Synergie, ist eine Reduktion ebendieser in Bezug auf das Potential der Marktdurchdringungsstrategie zu erkennen, die allgemein den höchsten Synergieeffekt aller vier Strategien aufweist.[24]

Bei der **Markterweiterung** kann die Definition des Marktes relevant sein. Zum einen gibt es den Eintritt in neue geografische Märkte, wodurch die Marktentwicklung gleichzusetzen ist mit der Internationalisierung.[25] Hierbei steht die Suche nach neuen Marktchancen für bestehende Produkte im Fokus, wobei der Erfahrungskurveneffekt eine exponierte Stelle spielt, wenn es um Preisgestaltung des Produktes geht.[26] Zum anderen kann der Fokus auf neue Zielgruppen innerhalb eines Marktes gelegt werden. Dies ist bei Produkten der Fall, die sich von ihren Vorgängern in ihrer Grundbeschaffenheit nicht wesentlich differenzieren.[27]

---

[22] Vgl. *Buchholz* (2019), S. 214, 215; *Steuernagel* (2017), S. 82.
[23] Vgl. *Steuernagel* (2017), S. 83.
[24] Vgl. *Steuernagel* (2017), S. 83; *Buchholz* (2019), S. 215.
[25] Vgl. *Steuernagel* (2017), S. 82.
[26] Vgl. *Buchholz* (2019), S. 215.
[27] Vgl. *Steuernagel* (2017), S. 83.

Die Strategie der **Diversifikation** ist durch die Einführung neuer Produkte in neue Märkte gekennzeichnet. Sie verfolgt das Ziel, ein Wachstum bei gleichzeitiger Risikostreuung zu erreichen. Dies soll durch die Aufnahme von neuen Produkten in das Portfolio und das Agieren auf neuen Märkten erreicht werden. Der Synergieeffekt ist hier am geringsten.[28]

Um die Diversifikation erfolgreich zu gestalten, gibt es zum einen die horizontale Diversifikation, bei der neue Produkte, die mit den vorhanden Produkten verwandt sind, zum bestehenden Leistungsspektrum hinzukommen. Nicht so bei der vertikalen Diversifikation, bei der die Wertschöpfungstiefe durch Vorwärts- oder Rückwärtsintegration erweitert wird. Bei der dritten Diversifikationsart, der lateralen Diversifikation, hat das neue Produkt im Sortiment, nichts mit dem bisherigen Leistungssektrum gemein.[29]

Betrachtet man den Zusammenhang zwischen den Wachstumsstrategien und dem damit verbundenen Synergie- und Risikopotenzialen so wird deutlich, dass die Synergieeffekte bei der Marktdurchdringung am größten und bei der Diversifikation am geringsten sind. Außerdem ist bei einer isolierten Betrachtung der Diversifikationsstrategie zu erkennen, dass deutlich geringere Erfolgsaussichten als bei den anderen Strategien einhergehen.[30]

Marktdurchdringung	Produktentwicklung	Marktentwicklung	Diversifikation
			Risiko
Synergieerträge			

Abbildung 3 - Reihenfolge der Wachstumsstrategien gemäß Risiko- und Synergieeffekten

(Quelle: Eigene Darstellung; in Anlehnung an *Buchholz* (2019), S. 217)

---

[28] Vgl. *Buchholz* (2019), S. 216.
[29] Vgl. *Buchholz* (2019), S. 216.
[30] Vgl. *Buchholz* (2019), S. 216.

2 Instrumente

Anhand eines ausgewählten Potenzials soll nun ein Benchmarking-Projekt initiiert werden, was zu den strategischen Kontrollinstrumenten gehört.[31] Dafür soll die generelle Vorgehensweise für das ausgewählte Potenzial beschrieben werden.

2.1 Motive und Funktionen des Benchmarkings

Beim Benchmarking werden Teil- und Funktionsbereiche sowie Prozesse und Produkte des eigenen Unternehmens mit den führenden Konkurrenten (best-practise-Unternehmen) verglichen. Damit kann das Benchmarking als ein systematischer, schrittweiser Prozess der Informationsgewinnung angesehen werden, dessen Ziel es ist, eine Realisierung von Leistungsverbesserungen hervorzubringen. Somit ist die darin verwendete Benchmark, ein Referenzmaßstab zur Beurteilung der eigenen Leistungsfähigkeit, die Kostensenkungs- und Qualitätsverbesserungspotenziale aufzeigt.[32]

Benchmarking erzeugt einen Handlungsdruck, nachdem eine Analyse der eigenen Defizite den Verbesserungsbedarf offengelegt hat. Durch diese Analyse wird neben der Analyse mit anderen Unternehmen, auch die Messlatte im Unternehmensvergleich formuliert. Diese wird eindeutig höher angelegt, da die Analyseerkenntnisse mit den Branchenprimussen das ganze Ausmaß der Verbesserungswürdigkeit aufzeigen. Dabei ist wichtig, dass der Maßstab und die Voraussetzungen vergleichbar sind und dass ein anstrebendes Zielniveau festgelegt wird. Die so gewonnen Erkenntnisse werden durch den Vergleich mit den Branchenprimussen ein höheres Niveau erreichen, als eine Analyse mit direkten Wettbewerbern. Somit führt das Benchmarking zu einem merklich höheren Leistungsstandard in relativ kurzer Zeit.[33]

---

[31] Vgl. *Steinhübel/Wameling* (2012), S. 60.
[32] Vgl. *Meffert* et al. (2015), S. 384.
[33] Vgl. *Töpfer* (2013), S. 5.

Für die Benchmarking-Umsetzung sind auch die psychologischen Voraussetzungen wesentlich. So hängt die Umsetzung von dem Vertrauen in das Erreichbare ab, da die führende Konkurrenz das angestrebte Niveau bereits erfüllt hat. Daher müssen alle relevanten Mitarbeiter darüber informiert werden, dass die Verbesserung geschafft werden kann. Dafür sind nachvollziehbare Prozesse nötig, damit der gangbare Weg erkennbar ist.[34]

Ein wesentlicher Punkt beim Benchmarking, ist die Veränderung der Denkrichtung, da der heutige Unternehmenserfolg in der globalisierten Welt stark von einer lernenden Organisation abhängt, die schneller lernen und besser als die Konkurrenz umsetzen muss.[35]

Neben dem Benchmarking-Prozess, der im nächsten Abschnitt erläutert wird, sind die unterschiedlichen Arten des Benchmarkings sowie dessen Kennziffern und Indikatoren bedeutend. So basieren die Arten auf einer unterschiedlichen Kombination relevanter Vergleichspartner auf dem Objekt (Produkte, Methoden, Prozesse), der Zielgröße (Kosten, Qualität, Kunden, Zeit), dem Vergleichspartner (selber oder anderer Geschäftsbereich) und dem Konkurrenten (selber oder anderer Branche). Zur Ermittlung der bestimmten Leistungslücke dienen beispielsweise die Kennziffern Erträge, Ausschussquoten, Auftragsrückstand und -bestand sowie Durchlaufzeiten. Die zur Ermittlung herangezogenen qualitativen Indikatoren können z. B. der Materialfluss, der Kundenzufriedenheitsindex, die Flexibilität und die Kontakthäufigkeit sein.[36]

2.2 Der Benchmarking-Prozess

Im Folgenden wird der Benchmarking-Prozess zunächst theoretisch erörtert, bevor er anhand der Marktführerschaft, als Vertreterin des strategischen Potenzials, exemplarisch kurz erläutert wird.

---

[34] Vgl. *Töpfer* (2013), S. 7.
[35] Vgl. *Töpfer* (2013), S. 9.
[36] Vgl. *Steinhübel/Wameling* (2012), S. 67.

2.2.1 Theoretischer Ansatz

Das Benchmarking hat ihren Ursprung im klassischen PDCA-Management-Prozess.[37] Dessen Kern bildet eine Anleitung, um Verbesserungen zu planen, durchzuführen, zu prüfen und so lange zu verbessern, bis die Verbesserungspotenziale erfüllt sind. Dies hat den Effekt, dass der PDCA-Zyklus nicht endlich ist, sodass er die Basis für weitere Verbesserungen im Sinne eine kontinuierlichen Verbesserungsprozesses ist.[38] Damit dies erreicht werden kann, gliedert sich der Benchmarking-Prozess in die Aktivitäten: Plan (Planen der Verbesserung), Do (Ausführen der Verbesserung), Check (Überprüfen der Wirkung der Verbesserung) und Act (Anpassen beziehungsweise Standardisieren des Prozesses).[39]

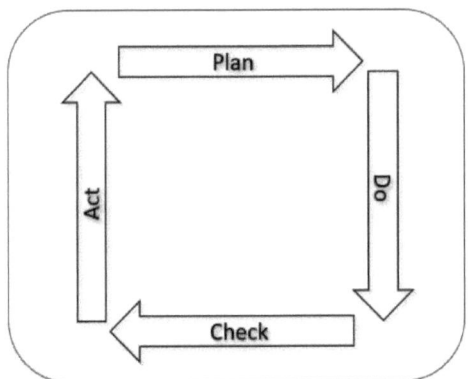

Abbildung 4 - Benchmarking-Prozess
(Quelle: Eigene Darstellung; in Anlehnung an *Steinhübel/Wameling* (2012), S. 66)

Planen (Plan)
Zu Beginn des Zyklus werden der Ist-Zustand und die Ausgangslage definiert und analysiert, wodurch eine Abweichungsanalyse durchgeführt wird. Dabei finden sowohl eine Identifikation, Definition, Dokumentation und Kategorisierung der Prozesse als auch eine Anpassung der Prozesse (als Fortsetzung der Phase

---

[37] Vgl. *Steinhübel/Wameling* (2012), S. 65.
[38] Vgl. *Kischporski* (2015), S. 55.
[39] Vgl. *Kischporski* (2015), S. 55.

"Act") sowie der Aufbauorganisation, die Definition und spätere Anpassung der Steuerungsparameter statt.[40]

Ausführen (Do)

Nachdem die Planung stattgefunden hat, komme es in der Ausführungsphase zu der Durchführung oder Ausführung der Verbesserung, in dem die Implementierung der neuen oder zu verändernden Prozesse abläuft.[41]

Überprüfen (Check)

In der dritten Phase wird die Wirkung der Verbesserungen durch Kennzahlen überprüft. Ein Vergleich mit Vergleichsprozessen von best-practise-Unternehmen ist an dieser Stelle auch möglich.[42]

Anpassen und Standardisieren (Act): Nach der Überprüfungsphase folgt die Phase der Anpassung und Standardisierung. Hierbei erfolgen eine Auswahl und Analyse der Probleme sowie eine Durchführung einer Barrieren- oder Ursachenanalyse der Probleme. Dadurch werden Lösungsalternativen entwickelt, gewichtet, festgelegt, zugewiesen und in Aufgaben und Arbeitspakete eingeteilt. Gemäß dem kontinuierlichen Verbesserungsprozess, ist die Fortsetzung der Act-Phase die Planungsphase, wodurch der Zyklus von Neuem beginnt.[43]

2.2.2 Praktischer Ansatz[44]

Der Vorstand der Automobilzulieferers erabschiedet eine neue Strategie, um die Qua-litätsführerschaft in der Reifenbranche auszubauen und die Kundenzufriedenheit zu erhöhen. Dafür werden folgende Vorgaben formuliert:

- Die Produktionsverfahren müssen dem neusten Stand der Technik entsprechen.
- Die Arbeit muss sich am Null-Fehler-Prinzip orientieren.

---

[40] Vgl. *Kischporski* (2015), S. 57.
[41] Vgl. *Kischporski* (2015), S. 57.
[42] Vgl. *Kischporski* (2015), S. 58.
[43] Vgl. *Kischporski* (2015), S 58, 59.
[44] Vgl. *Kudernatsch* (o. J.), o. S.

- Das Streben nach kontinuierlicher Verbesserung (KVP) soll bei den Mitarbeitern verankert werden.

Eines der Probleme ist dabei die Reifenproduktion, die 10.000 Reifen pro Tag zu wenig produziert. Damit Problem gelöst werden kann, kommt es zur Anwendung des PDCA-Zyklus.

Plan

Um der Ursache auf den Grund zu gehen, werden die fünf wesentlichen Phasen der Reifenherstellung[45] (Materialbeschaffung und Produktion von Verbundwerkstoffen, Herstellung von Bestandteilen, Reifenbau, Vulkanisation und Qualitätskontrolle) analysiert. Hierbei stellt sich heraus, dass es bei der Röntgenuntersuchung (Bestandteil der Qualitätskontrolle) oftmals zu Fehlermeldungen kommt, wodurch sich die weiteren Abläufe verzögern. Bei näherer Analyse wird deutlich, dass den Fehlermeldungen falsche Handgriffe der Mitarbeiter vorausgehen, weshalb mehrere Schulungen in den nächsten Tagen als Prämisse ausgegeben werden, damit sich das gesetzte Ziel, dass sich in acht Wochen die Fehlermeldungsquote um 50 Prozent reduzieren soll, realisieren lässt.

Do

Nach der Erkenntnis des Schulungsbedarfs werden allen betroffenen Mitarbeiter verschiedene Termine für die kommenden zwei Wochen zur Auswahl gestellt. Nach diesen zwei Wochen haben alle entsprechenden Mitarbeiter ihr Schulungsvorgaben erfolgreich absolviert.

Check

Die darauffolgende Analyse der Entwicklung der Fehlermeldungen bei der Röntgenuntersuchung, die in den folgenden Wochen kontinuierlich stattfand, ergab, dass sich die Fehlermeldungsquote um 70 Prozent reduziert hat und dass 11.000 Reifen pro Tag mehr fertiggestellt worden sind. Als Gründe für diesen Erfolg wird das strukturierte Vorgehen genannt, durch das nicht nur die Kernursache des Problems, sondern auch eine pragmatische und nachhaltige Lösung gefunden wurde. Zusätzlich hat die Mitarbeiterbefragung ergeben, dass die Mitarbeiter

---

[45] Vgl. *continental-reifen* (o. J.), o. S.

durch die Transparenz der Vorgesetzten an Motivation und Verständnis gewonnen hätten.

<u>Act</u>

Um die Standardisierung voranzubringen, werden fortan leicht verständliche Gebrauchsanweisungen angefertigt und an jeder Röntgenmaschine ausgelegt. Zusätzlich findet eine tägliche Prozesskontrolle statt, damit Soll-Ist-Abweichungen frühzeitiger erkannt werden können. Außerdem wird der Vorstand dieses Vorgehen bei den anderen Produktionsbereichen vorstellen.

3 Funktionalcontrolling

In der letzten Aufgabe soll beschrieben werden, wie die Balanced Scorecard in dem Unternehmen eingeführt werden kann. Dabei soll auf die Herausforderungen bei ihrer Verwendung ebenso geachtet werden, wie auf die Verwendung von Maßnahmen und Scores.

3.1 Theoretische Herleitung und Ansätze des BSC

Die Balanced Scorecard ist ein Kennzahlensystem, welches quantitative und objektive Inputdaten sowie subjektive Erwartungswerte zu einem Aussagesystem kombiniert und sie wie im Sinne eines Katalogs in vier Bereiche einteilt. Bei der Entwicklung dieser Bereiche muss darauf geachtet werden, dass sich ebendiese gleichmäßig und ausgewogen entwickeln, damit keine Dysbalancen entstehen. Idealtypisch ist die BSC in der Lage, das ganze System, das den Zielbereich (z. B. die Reifenproduktion) ausmacht, zu beschreiben, da sämtliche Beziehungen abgebildet sind. Jede Veränderung eines Parameters soll dabei messbar sichtbar gemacht werden. Damit dies gelingt, muss eine Vereinfachung der Sachlage durchgeführt werden, wonach also die BSC Informationen verdichtet. So ist die BSC quasi eine Reduktion bzw. ein Kennzahlen-Cockpit, damit die Zielerreichung der jeweiligen Schüsselbereiche gemessen werden kann. Abgesehen von der Simplifizierungs-Funktion kann es auch mehrere BSC nebeneinander geben, sodass sie ebenso konzernweit wie für funktionale Teilbereiche (z. B. Marketing, Logistik) vorkommen kann.[46]

Betrachtet man die BSC für das Gesamtunternehmen besteht sie aus folgenden vier Entwicklungsbereichen respektive Perspektiven: Finanzen, Kunden, interne Geschäftsprozesse sowie Lernen und Entwicklung. Diese Bereiche ordnen sich um die Vision bzw. Strategie herum an und sind mittels Pfeile untereinander und durch die Vision miteinander verbunden. Dabei symbolisieren die Pfeile die mögliche Abhängigkeit der Bereiche respektive deren Auswirkungen bei Veränderung

---

[46] Vgl. *Kühnapfel* (2019), S. 1, 2.

auf andere. In dieser sog. Strategy Map[47], weist außerdem jeder Bereich die jeweiligen Ziele mit den entsprechenden Kennzahlen sowie Vorgaben und Maßnahmen auf.[48]

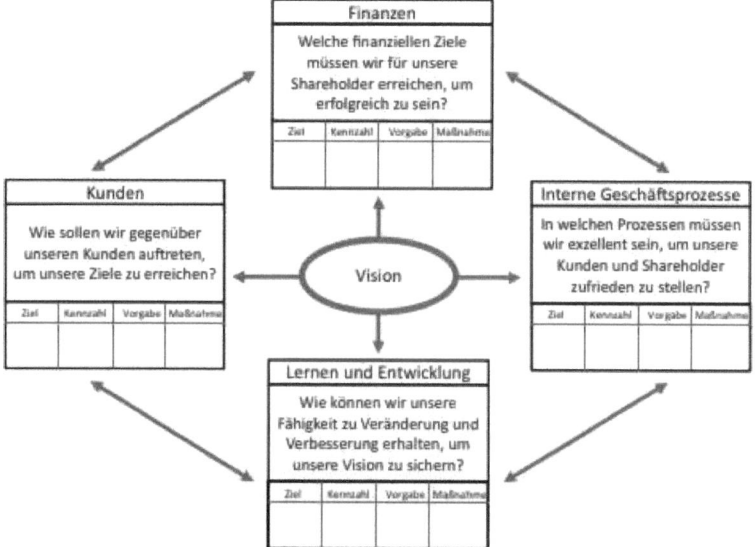

Abbildung 5 – Schematische BSC für das Gesamtunternehmen
(Quelle: *Kühnapfel* (2019), S. 9)

Finanzperspektive

Die finanziellen Ziele nehmen durch die Erwartung der Shareholder in Bezug auf Wachstum, Rentabilität und Wertsteigerung eine Doppelrolle ein, da sie zum einen die Finanzergebnisse beschreiben, die durch die Umsetzung der Vision erreicht werden sollen. Zum anderen gibt sie die finanziellen Auswirkungen der Ziele der anderen Perspektiven wieder. So ist bei der Auswahl ihrer Ziele die aktuelle Lebenszyklusphase der Geschäfteinheit zu beachten, da sich daran differierende Schwerpunkte festmachen.[49] Ihre Darstellung findet meist in Jahres- oder Quartalsabschlüssen statt.[50]

---

[47] Vgl. *Steinhübel/Wameling* (2012), S. 107.
[48] Vgl. *Kühnapfel* (2019), S. 4, 8, 9.
[49] Vgl. *Götte* (2017), S. 429.
[50] Vgl. *Steinhübel/Wameling* (2012), S. 106.

Folgende Ziele können sein:[51] Umsatz steigern, Kosten senken, Gewinn verbessern, Cashflow steigern, Eigenkapital steigern sowie -rendite erhöhen, Fremdkapitalanteil senken, Bonität erhöhen und Shareholder-Value erhöhen.

In Kombination mit den Zielen können folgende Kennzahlen Verwendung finden:[52] Rentabilitäts- (z. B. ROI), Wirtschaftlichkeits- (z. B. Deckungsbeiträge) und sonstige Kennziffern (z. B. Eigenkapitalquote) sowie Shareholder value-Analysen (z. B. CFROI)

Kundenperspektive[53]
Die Kundenperspektive weist die strategischen Ziele aus, die die Marktorientierung betreffen. So ist zu erörtern, welche Kunden als Zielgruppe angesehen werden können und was das für Konsequenzen hat.

Folgende Ziele finden häufig Anklang: Marktanteil und Kundenbindung steigern, neue Großkunden gewinnen, Produktqualität erhöhen, Kundenservice verbessern und Image als Innovationsführer etablieren.

Die dazu passenden Scores sind z. B. die Markt- und Kundenanteile, die Kundentreue und -aquisition, das Image und die Reputation sowie die Kundezufriedenheit und -rentabilität.[54]

Interne Prozessperspektive
In der Prozessperspektive sollte sich auf diejenigen Geschäftsprozesse konzentriert werden, die eine strategische Bedeutung für die Erfüllung der strategischen Ziele in der Kunden- und Finanzperspektive haben.[55] Auf dieser Ebene erfolgt die Steuerung des Unternehmens durch die implementierten Arbeitsabläufe.[56]

---

[51] Vgl. *Horváth &. Partners* (2011), S. 49.
[52] Vgl. *Steinhübel/Wameling* (2012), S. 109.
[53] Vgl. *Horváth &. Partners* (2011), S. 50.
[54] Vgl. *Steinhübel/Wameling* (2012), S. 110.
[55] Vgl. *Götte* (2017), S. 430.
[56] Vgl. *Steinhübel/Wameling* (2012), S. 106.

Folgende Ziele können sein:[57] Produktideenanzahl erhöhen, Produktentwick-
lungszeiten verkürzen, Umsatzanteil innovativer Produkte erhöhen, Produktions-
kapazität erhöhen, Durchlaufzeiten verringern, Ausschuss reduzieren, Nachar-
beitsrate verringern, Liefertermintreue verbessern und Servicequalität erhöhen.

Dazu passen beispielhaft folgende Scores:[58] Angebotserfolgsquoten und Time-
to-Market.

Lernen- und Entwicklungsperspektive
Dieser Bereich zielt auf die Weiterentwicklung der Potenziale ab, die zur Errei-
chung der Ziele der anderen drei Bereiche benötigt werden. Dafür zählen bspw.
Mitarbeiter, Wissen, Kreativität, Innovation, Technologie und Information – also
sog. Soft Skills.[59]

Folgende Ziele finden sich bspw. in der Praxis:[60] Mitarbeiterzufriedenheit, -kom-
petenzen und -produktivität steigern, Kenntnisse über eigene Produkte erhöhen,
Abwesenheitszeiten reduzieren, Umsetzungsquote der Verbesserungsvor-
schläge erhöhen und Mitarbeiterfluktuationsrate reduzieren.

Für die Innovationsperspektive können z. B. die Fluktuationsquote, der Innovati-
onsindex oder die Wertschöpfung pro beschäftigte Person als Scores dienen.[61]

Damit die Perspektiven mit den Strategien verbunden werden können, werden
Einzelziele eingeführt, die mit Scores versehen werden. Für die Übersicht und
Steuerung der Scores dient ein Ampelsystem, sodass bei Zielerreichung die Am-
pel grün ist sowie bei einer Abweichung gelb und bei einer großen Abweichung
rot.[62]

---

[57] Vgl. *Horváth &. Partners* (2011), S. 51.
[58] Vgl. *Steinhübel/Wameling* (2012), S. 110.
[59] Vgl. *Steinhübel/Wameling* (2012), S. 106; *Götte* (2017), S. 431.
[60] Vgl. *Horváth &. Partners* (2011), S. 121–123.
[61] Vgl. *Steinhübel/Wameling* (2012), S. 111.
[62] Vgl. *Steinhübel/Wameling* (2012), S. 106.

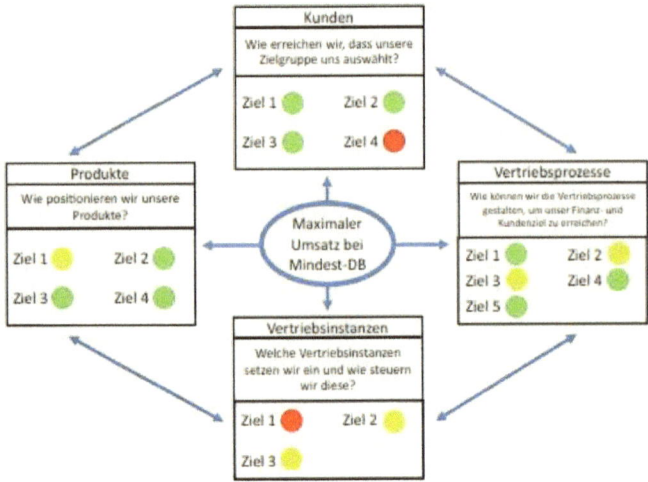

Abbildung 6 – Beispielshafte BSC mit Ampelsystem zur Darstellung der Zielerreichung
(Quelle: *Kühnapfel* (2019), S. 19)

Bei der Festlegung der Gesamtstrategie wird oft eine Definition der Grundstrategien und weiterer Fokus-Strategien (z. B. Strategien zur Kostenführerschaft, Kundennähe, Prozessführerschaft oder Produktführerschaft) verfolgt. Dabei kann die Grundstrategie in jede Teil-Scoredard übernommen werden und mit Kennzahlen gefüllt werden. Diese sollten eine Mischung aus Lagging und Leading Indicators sein. Erstere sind bspw. Profitabilität, Marktanteil oder Kundenzufriedenheit, die die Aufgabe haben, den Stand der Strategieumsetzung zu erfassen. Leading Indicators hingegen geben Auskunft über Aktivitäten, die die zukünftige Leistung beeinflussen, so wie z. B. durch die Kundenzufriedenheit, die Mitarbeiterfluktuation, die Forschung und Entwicklung sowie den Auftragseingang.[63]

Die Kennziffern selbst sind unabhängig von ihrer Funktion zu planen, zu kommunizieren und zu kontrollieren, wodurch die Aussage, dass die BSC auch ein Controllingprozess zwischen den Unternehmensebenen ist, begründet ist. Im Allgemeinen schließt sich somit der strategische Controlling-Kreislauf, da der Planungsprozess der BSC auf der Ebene des Top-managements beginnt und

---

[63] Vgl. *Steinhübel/Wameling* (2012), S. 107.

entlang des übrigen Managements bis hin zu den Mitarbeitern gelangt, wogegen diese dann den Kontrollprozess anstoßen, damit dieser wieder bis in die oberste Chefetage gelangt.[64]

Dabei gilt es generell zu beachten, dass die Bereiche einer BSC durch kausale **Ursachen-Wirkungsketten** miteinander verbunden werden. Die Wechselwirkungen der Bereiche müssen allen Mitarbeitern bekannt sein, damit bei Problemen richtige Schlüsse und Reaktionen erfolgen können. Somit stellen die Identifikation, die Beschreibung und die Kommunikation der Ursache-Wirkungszusammenhänge eine große Herausforderung bei der Einführung dar. Typische Wirkungszusammenhänge sind bspw. die unternehmenskulturelle Trennung durch heimliche Spielregeln sowie die räumliche Trennung, sodass ein Impuls in Bereich A erfolgt und sich auf Bereich B auswirkt.[65]

Der Ausgangspunkt der Entwicklung einer BSC ist die Festlegung der strategischen Ziele. Im Optimalfall unterstützt die BSC die Phasen der Strategieentwicklung, der -umsetzung und der -kontrolle.[66]

3.2 Entwicklung und Einführung einer BSC

Da der Ausgangpunkt der BSC-Entwicklung die Festlegung der strategischen Ziele ist (an dieser Stelle wird nicht zwischen Visionen und strategischen Zielen unterschieden),[67] welche weitreichende Folgen haben kann, sollten verschiedene Vertreter unterschiedlicher Hierarchiestufen und Funktionsbereiche in den Entwicklungsprozess eingebunden werden.[68]

---

[64] Vgl. *Steinhübel/Wameling* (2012), S. 112, 113.
[65] Vgl. *Steinhübel/Wameling* (2012), S. 116.
[66] Vgl. *Götte* (2017), S. 427.
[67] Vgl. *Kühnapfel* (2019), S. 5, 7.
[68] Vgl. *hslu* (o. J.), o. S.

Nachdem der Ausgangspunkt festgelegt wurde, können folgende Punkte als weitere Vorgehensweise bezüglich einer Einführung einer BSC dienen:[69]

Phase 1: Analyse der Strategie und Konzeption der BSC
Während eines mehrtätigen Workshops wird die bisherige Unternehmensstrategie und die damit verbundenen Erfolgsfaktoren zusammengefasst und auf Vollständigkeit, Konsistenz und Plausibilität geprüft. Anschließend werden die strategischen Grundaussagen in einen ersten Entwurf des BSC überführt. Außerdem werden die wesentlichen Kennzahlen in eine kausale Abhängigkeit gebracht, damit kritische Strategie-Variablen aufgezeigt werden.

Phase 2: Operationalisierung der BSC
In weiteren Workshops werden in der zweiten Phase die vier Perspektiven der BSC näher analysiert. Dabei werden die jeweils relevanten Kennzahlen und die Grundannahmen über ihre Kausalität festgelegt und operationalisiert. Außerdem werden für jede Perspektive strategische Ziele, Kennzahlen, Zielwerte und zugehörige strategische Maßnahmen festgehalten.

Phase 3: Überarbeitung der BSC –Umsetzungskonzept
In einem weiteren Workshop mit dem Vorstand stehen folgende Punkte auf der Agenda:

- Zusammenfassung und Ergänzung der Vorarbeiten aus Phase 2.
- Überprüfung der strategischen Planung auf Plausibilität, Konsistenz, Zielwirksamkeit und Durchführbarkeit.
- Festsetzung von Prioritäten für die Aktivitätenpläne.
- Benennung der Verantwortlichen und der Umsetzungsterminen.
- Entwicklung der Ansatzpunkte für ein Anreizsystem.
- Erarbeitung des Ablaufplans zur Kommunikation der Unternehmensstrategie bzw. der BSC bei den Mitarbeitern.
- Finale Zusammenfassung der Eckpunkte der Unternehmensstrategie und des Entwurfs der BSC.

---

[69] Vgl. *Gleißner* (2000), S. 129, 130.

Literaturverzeichnis

Alter, R. (2019), Strategisches Controlling: Unterstützung des strategischen Managements, 3. Aufl., Oldenbourg.

Baum, H.-G./Coenenberg, A. G./Günther, T. (2013), Strategisches Controlling, 5. Aufl., Stuttgart.

Baum, M. (2003), Umstellung der Rechnungslegung von HGB auf IAS/IFRS. Diplomarbeit.

Buchholz, L. (2019), Strategisches Controlling, Wiesbaden.

continental-reifen (o. J.), Reifenherstellung, in: https://www.continental-reifen.de/autoreifen/reifenwissen/reifen-grundlagen/reifenherstellung, abgerufen am 22. 12. 2020.

Eichel, I. (2019), Was sind (zukünftige) Erfolgspotenziale?, in: https://www.strategieberatung-eichel.de/strategie/erfolgspotenziale/, abgerufen am 19. 12. 2020.

Fischer, T. M. (2000), Erfolgspotentiale und Erfolgsfaktoren im strategischen Management. In: Praxis des strategischen Managements : Konzepte, Erfahrungen, Perspektiven, Wiesbaden, S. 71–94.

Gälweiler, A. (2005), Strategische Unternehmensführung, 3. Aufl., Frankfurt/New York.

Gleißner, W., Aufbau einer Balanced Scorecard in der Unternehmens-praxis. In: Bilanzbuchhalter und Controller, S. 129–134.

Götte, S. (2017), Handbuch Marketing-Controlling, 4. Aufl., Berlin, Heidelberg.

Horváth &. Partners (2011), Balanced scorecard umsetzen, Stuttgart.

hslu (o. J.), Balanced Scorecard, in: https://wiki.hslu.ch/controlling/Balanced_Scorecard, abgerufen am abgerufen am 29. 12. 2020.

Kischporski, M. (2015), Elektronischer Rechnungsdatenaustausch mit E-Invoicing, Wiesbaden.

Kudernatsch, D. (o. J.), Der PDCA-Zyklus am Beispiel erklärt, in: https://www.business-wissen.de/artikel/qualitaetsmanagement-der-pdca-zyklus-am-beispiel-erklaert/, abgerufen am 22. 12. 2020.

Kühnapfel, J. B. (2019), Balanced Scorecards im Vertrieb, 2. Aufl., Wiesbaden.

Meffert, H./Burmann, C./Kirchgeorg, M. (2015), Marketing, Wiesbaden.

Steinhübel, V./Wameling, H. (2012), Strategische Controllinginstrumente, Studienbrief der SRH Fernhochschule, Riedlingen, 3. Auflage.

Steuernagel, A. (2017), Strategische Unternehmenssteuerung im digitalen Zeitalter, Wiesbaden.

Töpfer, A. (2013), Benchmarking Der Weg zu Best Practice.